AF370897

DE

L'INSTRUCTION PUBLIQUE

PAR

Lucien ARRÉAT

PRIX : 2 FRANCS

PARIS

AUX BUREAUX DE LA *PHILOSOPHIE POSITIVE*

16, RUE DE SEINE, 16

1882

Extrait de la *PHILOSOPHIE POSITIVE*, Revue dirigée par MM. Ch. Robin
et G. Wyrouboff. — Septembre-octobre 1882.

DE

L'INSTRUCTION PUBLIQUE

I

Dans le précédent article, j'ai tracé une distribution de l'enseignement qui repose, en définitive, sur la distinction très tranchée entre ce qui est *l'instruction générale* et ce qui est *l'instruction spéciale et professionnelle*, et je me suis efforcé d'introduire cette distinction essentielle, de retrouver ce dessin, pour ainsi dire, dans les lignes indécises de notre système d'enseignement public. L'école primaire, en mon projet, reste donc préparatoire ; l'école primaire supérieure devient une école d'instruction générale, qui diffère du collège secondaire en quantité, non en qualité, et le degré supérieur ne se fonde que sur les besoins de l'enseignement spécial et appliqué.

Il s'agit maintenant de classer les matières de cette instruction générale, identique pour tous, et d'assigner son rôle véritable à l'école élémentaire. Je n'ai pas l'ambition, on le pense bien, de tout dire, ni de discuter à fond, en une vingtaine de pages, les méthodes et les programmes. En un discours prononcé en 1876, et que j'ai le regret d'avoir lu trop tard, M. Wyrouboff a esquissé un programme d'instruction générale, qui est celui même que j'ai exposé en mon mémoire. D'autre part, M. Spencer a traité de l'*Education intellectuelle, morale et physique* en un opuscule auquel il faut toujours renvoyer. Il ne reste qu'à donner de fines retouches, à ajouter des compléments, et c'est une bonne fortune si l'on rencontre en chemin quelque nouveauté.

Mais cela même qui a été bien dit par quelqu'un, n'est-il pas bon de le redire? Combien de fois ne faut-il pas battre sur le coin d'une idée juste pour faire éclater ce bois dur qui est la routine?

Il conviendrait d'entrer tout d'abord à l'*école maternelle*, et de saluer Frédéric Frœbel, un doux esprit dont l'inspiration a été féconde. De ses leçons, qui ne sont pas toutes justes, il faut retenir celles de seconder l'être créateur qui est déjà dans l'enfant et d'aider à cette éducation spontanée des sens dont peu de mères prennent souci, quoique le génie féminin devine beaucoup de la pédagogie du premier âge. Quant à instituer des exercices et des jeux suggestifs pour de mignonnes créatures de quatre à six ans, c'est affaire bien délicate, et je n'ose entrer dans le détail des « jardins d'enfants ». Ils sont, après tout, le premier degré du même enseignement dit *intuitif* qui gouverne l'école préparatoire, et qui exigerait de la part des maîtres ou des maîtresses, pour porter ses fruits, un véritable tact psychologique.

L'esprit de l'enfant, écrit M. Spencer après Auguste Comte, est dans le même rapport avec les phénomènes que l'était celui de l'homme primitif et il ne peut arriver à la science que par la même route qui a déjà été suivie. C'est-à-dire que l'ordre de constitution des sciences dans le temps commande, sous de certaines réserves, l'ordre des études, et que la pédagogie doit se guider sur les procédés naturels d'acquisition et se conformer aux lois générales de l'évolution intellectuelle. Voilà, du premier coup, un large accord établi entre les conditions du sujet et celles de l'objet; et, puisque les sciences se sont développées et qu'elles s'ordonnent le plus naturellement selon la généralité décroissante et la complexité croissante des faits mêmes, on en conclut à la nécessité, pour l'esprit humain, de procéder *du simple au composé* : ce qui est le principe pédagogique véritablement fondamental.

On dit encore que la voie habituelle de l'esprit est du concret à l'abstrait, ou du particulier au général, ou du connu à l'inconnu, ou de la connaissance synthétique à la connaissance analytique. Ces diverses expressions, néanmoins, ne sont pas équivalentes, l'usage en implique parfois une erreur et il conviendrait de ne pas les employer, comme font plusieurs, indifféremment.

Le fait simple sur lequel on se fonde en tous les cas est que l'action des sens précède celle de l'esprit et que les perceptions concrètes donnent naissance à la représentation abstraite ; mais il est bon de remarquer que toute notion de l'esprit est déjà abstraite, parce qu'elle implique la comparaison d'une foule de perceptions élémentaires, en un mot, que la perception immédiate est seule simple et que la notion est toujours complexe.

Les notions axiomatiques, qui sont certes abstraites, existent déjà dans l'esprit de l'enfant et du sauvage ; et elles ont semblé être les moules, en quelque sorte, où notre esprit coule nos premières expériences, quoique, en fin de compte, il soit possible d'imaginer les expériences qui ont servi à les construire. Cette énonciation, par exemple, que « la ligne droite est le plus court chemin d'un point à un autre », représente une somme de perceptions distinctes qui ont été interprétées de la même manière par l'animal qui court droit sur sa proie et par le géomètre qui en enregistre la formule.

La représentation idéale d'une espèce botanique est le résultat d'observations faites sur les individus qui fournissent les caractères de cette espèce : or, n'est-il pas vrai que l'enfant se forme de bonne heure les notions abstraites d'homme, d'animal, de plante ; que le peau-rouge, le nègre, le jaune et le blanc sont, aux yeux d'un sauvage, toujours des hommes, et que la notion de son semblable est sortie des mêmes comparaisons qui permettent au botaniste de reconnaître le genre *viola* dans l'espèce *tricolor* ou la famille des crucifères dans un individu du genre chou ?

L'énoncé du principe d'Archimède est la conclusion de ces expériences familières que le bois surnage sur l'eau et que la pierre tombe au fond de l'eau. Toutefois le rapport qui lie ces faits ne pouvait pas être sitôt aperçu, parce qu'il y fallait des opérations plus délicates et des instruments auxiliaires. De même, pour les deux cas précédents, il faut dire que la comparaison n'est pas conduite de la même manière par l'ignorant et par le savant. Et, de là, cette importante règle de pédagogie, de mener l'élève, autant que possible, par les voies éprouvées sûres.

En somme, l'abstraction est essentielle à l'esprit humain. Mais les abstractions sont de différents degrés : telles se forment dans l'esprit spontanément, à la suite d'expériences communes, et telles autres ne peuvent sortir que d'expériences plus ou moins difficiles et instituées pour un dessein. Le pouvoir reste le même, et la grande affaire est de le diriger d'une manière convenable. Il est vrai, d'ailleurs, que les premières notions que l'homme acquiert sont celles dont les éléments lui sont le plus familiers, le plus accessibles. C'est pourquoi on exerce de préférence l'attention des enfants sur des éléments connus et l'on procède *du facile au difficile*. J'inscris en première ligne ce principe, avec celui d'aller *du simple au composé*, comme nécessaires et suffisants.

Dans l'enseignement de l'histoire naturelle, objecte le Dr F. Dittes[1], on ne part pas de l'étude des éléments chimiques des plantes et on prend la plante telle quelle. Mais il ne s'agit, en ce cas, que d'un enseignement descriptif, sommaire, qui porte sur les caractères extérieurs, et cela ne renverse point le principe général. Toute science présente un certain nombre de faits directement accessibles, par lesquels on en peut aborder l'étude ; mais les règles de la méthode ne changent pas pour cela, et, par exemple, l'histoire naturelle étudiée scientifiquement n'en vient pas moins de toute nécessité après la chimie dont elle reçoit les conditions. Ainsi le principe de procéder du facile au difficile corrige dans la pratique, sans le contredire, celui de procéder du simple au composé.

A ce propos je ferai la remarque, un peu subtile au premier abord, que la vue que nous avons d'un objet matériel quelconque est une vue synthétique impliquant des perceptions distinctes, élémentaires et qui est le produit d'une sorte d'opération analytique faite au préalable par les sens. Mais, aussitôt que le maître intervient pour déterminer, par les moyens convenables, un concret, et pour réduire un fait, une notion en ses éléments, l'opération, analyse ou synthèse, qu'il dirige est éminemment abstraite. Le Dr Dittes[2] distingue l'analyse et la synthèse « réelles » de l'analyse et de la synthèse « idéales ou logiques ». Je fais la même distinction en d'autres termes, quand je parle de l'opération vulgaire, qui est inconsciente, purement énonciative, et de l'opération scientifique, qui est déterminative, raisonnée. Le point de départ est toujours le concret, le particulier, le simple, et le point d'arrivée l'abstrait, le général, le composé. Du reste, ces termes que nous employons désignent tout au plus des moments particuliers de l'activité intellectuelle, des états de l'esprit qui ne sont pas aussi tranchés qu'ils le paraissent quelquefois dans le discours. Toute la différence entre la vue commune et la vue scien-

---

[1] *Methodik der Volksschule.* Leipzig et Vienne, 1878, 4° édit., § 24.
[2] *Grundriss der Erziehungs und Unterrichtslehre.* Leipzig, 1878, 6° éd.. § 46.

tifique est que celle-ci pénètre plus avant et plus profondément dans les faits et qu'elle est accompagnée de conscience méthodique.

« Les choses extérieures, écrivait Th. Jouffroy, frappent également les sens d'un paysan et ceux d'un naturaliste ; mais ce qui distingue le naturaliste du paysan, c'est que le premier fait attention aux choses, tandis que le second les voit sans les regarder, ou ne les regarde pas assez pour discerner tous leurs éléments[1]. »

La tâche du maître devrait être, en conséquence, de régler l'activité naturelle de l'esprit et d'exercer l'élève à faire, je dirais scientifiquement, si cet adverbe ici n'était pas bien lourd, ce qu'il faisait et plus qu'il ne faisait spontanément. Ce serait une faute grave que de méconnaître le travail spontané, d'abstraction, de généralisation qui se fait chez les enfants, chez les ignorants, que nous voyons au contraire sans cesse abuser d'idées générales et d'analogies fallacieuses !

Je compléterai ces remarques en parlant de la *leçon de choses*, application directe de la méthode intuitive, suggestive, préconisée par Pestalozzi, et avant Pestalozzi par Rousseau, avant Rousseau par Loke, avant Loke par Comenius, avant Comenius par Bacon, pour ne citer que ces grands noms. Aujourd'hui les préceptes de se conformer à la nature, de se diriger par l'expérience, sont devenus des lieux-communs. Toutefois l'application en est assez difficile, et il arrive trop souvent que la leçon de choses n'est qu'un exercice puéril. Je suis d'avis, avec M. Gréard, avec M. Braun[2], que cette leçon doit être faite à propos de tout et selon l'occasion, être variable, souple et mouvante ; avec M. Spencer, que les leçons de choses doivent être graduées, c'est-à-dire conduites du simple au composé en sorte qu'elles pourront être pratiquées utilement depuis la première enfance jusques dans les classes mêmes de l'enseignement secondaire. Mais je m'expliquerai mieux en faisant la critique rapide d'une leçon sur le verre, dont j'ai le texte sous les yeux.

A l'occasion d'un morceau de verre, les enfants, interrogés par le maître, apprennent que le verre posé aux fenêtres s'appelle vitre ; l'ouvrier qui pose les vitres, vitrier ; celui qui fabrique le

---

[1] Préface aux *Esquisses de la philosophie morale* de Reid.
[2] *Rapport sur l'enseignement primaire à l'Exposition internationale de Paris de 1878.* Bruxelles, 1880.

verre, verrier ; la fabrique, verrerie ; que les fenêtres de la plupart des maisons, au moyen âge, étaient encore fermées avec du bois, du papier ou de la toile ; que l'on fabrique le verre avec du sable, de la potasse, de la soude, de la chaux, de l'alumine ; que le verre est blanc verdâtre, translucide, dur et cassant, etc. Ainsi, le maître s'ingénie à enrichir de *connaissances usuelles* la mémoire des jeunes élèves. Et cependant, il a abordé aussi, en quelques points de sa leçon, la « définition » du verre. Or, la notion des qualités de dureté, de couleur, de sonorité, etc., par lesquelles l'écolier se trouve en état de connaître actuellement le verre, la notion, dis-je, de certaines qualités ou propriétés élémentaires a été acquise par lui au moyen de nombreuses comparaisons qu'il a faites d'instinct et sans secours, dès le premier âge, entre des sensations visuelles, auditives, tactiles, gustatives, musculaires : et ses premières notions ainsi acquises supporteront plus tard tout son savoir. Mais ici, pour achever la définition commencée et pour avoir la claire connaissance des qualités de composition du verre, il faudrait que le maître recourût, et il ne le peut pas, à des opérations très délicates, propres à révéler des rapports intimes qui ne sautent pas aux yeux et qui sont difficiles à apprécier : faute de quoi sa parole restera une lettre morte. Bref, cette leçon sur le verre, conduite comme je la trouve, n'est qu'un ingénieux entretien dont l'enfant retiendra sans doute quelque chose ; elle n'est pas précisément suggestive, et elle dépasse l'observation immédiate ; elle est la leçon sur une chose, elle n'est pas l'exercice d'intuition et de comparaison que doit être une bonne leçon par la chose.

Ce que j'ai voulu relever en cette critique, c'est la valeur de la *comparaison*. L'enfant ne s'instruit que par des comparaisons [1], et il y procède par degrés : nos impressions, en effet, sont faiblement ou fortement contrastées, la nature d'un objet est indéfinie ou définie, certains reliefs sont plus saillants, et enfin nos sensations indécomposables, comme dit M. Spencer, précèdent nos états de conscience composés. La leçon de choses, pour conclure, devrait donc être surtout un exercice de comparaison ha-

---

[1] « Ce qu'on appelle jugement, écrit Alexander Bain, se compose d'une part de distinction et d'autre part du sens de la ressemblance. Nous décidons si deux ou plusieurs choses diffèrent ou se ressemblent. Il n'y a pas de jugement qui, en dernière analyse, ne se résolve en l'une ou l'autre de ces deux fonctions de l'intelligence. » *Les sens et l'intelligence* p. 283 et passim.

bilement gradué qui assouplît l'élève à analyser et à abstraire.

« L'aptitude plus ou moins grande à comparer des idées et à trouver des rapports, disait Rousseau dans l'*Emile*, est ce qui fait dans les hommes le plus ou le moins d'esprit. »

Ceux qui ont étudié les sciences naturelles savent quelle difficulté c'est pour le botaniste, par exemple, de se faire une représentation idéale si exacte, si vivante des caractères des familles, des genres et des espèces, qu'il n'ait pas d'hésitation à déterminer un individu donné, c'est-à-dire à reconnaître l'espèce, le genre ou au moins la famille à laquelle cet individu appartient. En exerçant l'élève à observer, entre les végétaux et les animaux familiers, des ressemblances et des différences, plus nombreuses et plus profondes à mesure, on le formerait déjà à la pratique des sciences de la nature, et on lui rendrait aussi moins difficile l'intelligence des rapports idéaux, qui échappent dès qu'on passe la limite de l'observation commune. En l'exerçant à découvrir des relations entre des faits de tout ordre, on l'aurait initié aux notions les plus hautes, et alors la leçon de choses, la leçon intuitive aurait vraiment rempli son office, qui est de faciliter le passage du procédé de développement naturel au procédé artificiel de l'école[1].

Que les maîtres visent donc toujours à cela et ne se bornent point à provoquer ou à satisfaire incidemment la curiosité de l'écolier! L'enfant le plus intelligent, quoi qu'on dise, n'est pas celui qui questionne sans cesse, mais bien celui qui regarde. Combien de ces questionneurs prodiges n'écoutent pas même votre réponse, ou se contentent du mot sans jamais connaître la chose !

II

Mais ce que vous demandez, me dira-t-on, au modeste instituteur primaire, c'est la forte discipline de l'abstraction! Il ne resterait pas, celui qui en serait capable, pauvre maître de village, et il viserait plus haut! J'en conviens : et c'est un grand

---

[1] Le seul manuel qui me paraisse conçu dans cet esprit est celui des écoles de Cincinnati, donné par M. Buisson en son rapport.

mal. Pourquoi le laissez-vous médiocre, cet instituteur dont les instructions officielles exigent, en somme, plus de qualités que d'un professeur de langue latine, qui, lui du moins, est quitte après sa classe faite ? L'humble maître d'école, dans l'ordre de l'instruction publique, occupe la place de juge de paix dans l'ordre judiciaire, dont les fonctions demandent peut-être le plus de tact, le plus de connaissance des hommes et des choses. Et là-dessus je citerai une excellente page de M. le professeur Angiulli :

« Jusqu'ici, dit-il, on n'a pas compris que l'éducation dans les écoles populaires n'est pas chose différente ni moins difficile que l'éducation dans les écoles supérieures ; d'où il advient qu'on réclame pour celles-ci une étude plus complète de la science pédagogique, et pour celles-là seulement une certaine pratique de préceptes artificiels et vides. Maintenir cette différence équivaut, a dit Richter, à affirmer que la connaissance de la science médicale n'est pas aussi nécessaire à un médecin de village qu'à un médecin de ville. » Vous aurez beau munir ce dernier de recettes contre les maladies ; toutes les recettes du monde, pharmaceutiques ou pédagogiques, ne vaudront rien entre les mains du médecin ou de l'instituteur ignorant. « Nous dirons même, ajoute M. Angiulli, que l'œuvre pédagogique dans les écoles populaires est plus difficile, plus importante et plus complète que dans les écoles supérieures, parce que l'office éducatif y a le plus d'étendue... De la pédagogie des écoles élémentaires dépend le sort des autres écoles et de la vie[1]. »

L'œuvre essentielle de la famille, et le premier objet aussi des classes enfantines et élémentaires, c'est en effet l'éducation, c'est l'affinement de cet outil qui est l'enfant lui-même : l'exercice de son appareil intellectuel par une gymnastique des sens, l'exercice de ses membres par une gymnastique des mouvements, l'entretien de sa santé générale par une bonne nutrition et de bonnes habitudes.

Jadis, tout cela était négligé ou mal compris. On accablait les écoliers de récitations fatigantes, et on ne s'inquiétait pas de développer en eux la mémoire réelle et consciente. La gymnastique, d'ordinaire, consistait en des exercices de force, au lieu d'être une excitation musculaire mesurée, et je me souviens que

---

[1] *La Pedagogia, lo Stato e la Famiglia.* Napoli, 1882, 2° éd., p. 62.

l'heure de trapèze, d'anneaux et de barres parallèles était redou-
tée au lycée des élèves faibles : c'est qu'on ne leur avait pas fait
des muscles assez solides pour exécuter des passes de gymnastes,
et notre corps a ses timidités naturelles qui ne viennent que d'un
défaut de vigueur. On sent aujourd'hui toute l'importance de l'activité réglée et des jeux libres, et l'on apprécie à leur valeur ces
qualités de « bon animal », comme a dit Emerson, qui seules
rendent l'homme capable d'initiative et d'application soutenue.
On ne savait exercer l'organe vocal ni par le chant ni par la dé-
clamation : M. Valens [1] a remarqué la justesse de voix des enfants
dans les écoles des Etats-Unis (à Cléveland, dit-il, on a constaté
que deux ou trois enfants sur cent, tout au plus, ne chantaient
pas juste); M. Hippeau [2] admirait chez les petits écoliers américains un talent de lecture qui fait défaut jusque dans nos hautes
classes, et il a fallu le livre charmant de M. Ernest Legouvé pour
appeler l'attention de nos maîtres sur cet art de la parole, qui est
aussi pour l'homme une puissance.

D'ailleurs ces exercices de l'œil, de l'oreille, de la voix, concourent par un côté à l'éducation esthétique, que les Grecs asso-
ciaient heureusement à la gymnastique, et que nous avions trop
oubliée. « La culture du bon goût, a dit excellemment un auteur
anglais, tend à favoriser l'exercice du bon sens. » On a songé
enfin à décorer nos tristes salles d'école, et l'on s'est avisé des
mérites de l'imagerie populaire. Les pédagogues allemands joi-
gnent encore à l'éducation du goût celle du caractère, et ils
poursuivent un certain état d'équilibre, d'harmonie de tous nos
sentiments qui est l'objet un peu fuyant de leur *Gemüthsbildung*.
Mais il est clair que l'action personnelle du maître, en ces choses,
est toute puissante, et c'est une question qui précède toutes les
autres : former de bons maîtres !

La culture du sujet, que Rousseau et Pestalozzi ont placée au
premier rang, n'exige pas pourtant qu'on sacrifie toute acquisition effective. Il faut se résoudre à mettre Emile en classe ; il faut
l'asseoir sur les bancs de l'école commune et lui enseigner
d'abord la langue, l'écriture et la lecture, le calcul, lui donner
l'outil. Je n'ai pas loisir de m'y attarder, et quelques remarques
courantes suffiront.

---

[1] In Rapport, cité plus haut, de M. Buisson.
[2] *L'Instruction publique aux Etats-Unis*, 1869.

Dans nos écoles, on pratique encore la méthode nominale ou « par épellation » et on lit avant d'écrire. Je me décide, avec M. Braun, pour la méthode « par émission » qui donne à la fois le son et le nom de la lettre et qui associe dès le début l'écriture avec la lecture. Cette méthode d'*écriture-lecture* a été qualifiée un peu pédamment « analytique-synthétique ». Ce sont de bien gros mots, et je ne vois pas qu'on ait motif non plus de dire qu'on procède du composé au simple quand on choisit pour élément la syllabe à la place de la lettre. Si le maître énonce la syllabe sans nommer les lettres, les yeux de l'enfant épellent cependant, et, parce que les mêmes signes sonnent autrement selon qu'il les voit groupés, l'enfant commence déjà à spécifier ces signes! Savoir lire, n'est-ce pas connaître d'une manière précise la valeur nue et la valeur de position de ces signes qui sont les lettres? Que l'on réfléchisse encore quelle longue pratique est nécessaire pour retenir ces relations convenues entre le signe et le son, entre l'écrit et le parlé, et l'on en conclura que, pour assurer l'habitude et pour guider cette analyse que font les yeux, le meilleur moyen est, d'une part, d'exercer ensemble les yeux, la main, la langue et l'oreille de l'enfant, et, d'autre part, de lui montrer simultanément les lettres par la syllabe et la syllabe par les lettres. Que d'ailleurs on emprunte le secours d'images peintes et que les premières syllabes apprises soient des mots de choses, le procédé reste le même. Ne l'oublions point, on ne sait pas lire tant qu'on ne sait pas épeler.

Pour le calcul, le maître en rend les opérations tangibles, en quelque sorte, par le maniement d'objets concrets, oranges, billes ou graviers, ou par le secours d'appareils tels que le boulier. M. Braun préfère au boulier et autres moyens mécaniques, dont on a exagéré l'emploi, et qui détournent trop les jeunes esprits du calcul raisonné, l'appareil naturel, c'est-à-dire les dix doigts. En tous cas l'emploi d'objets et de figures a l'avantage de laisser toujours visibles les éléments, les unités qui vont se perdre dans le nombre exprimant le résultat de l'opération. Et partant de là, je dirai dès à présent qu'on trouverait avantage à appliquer de bonne heure à l'arithmétique le langage de l'algèbre, de façon à accoutumer les écoliers, très discrètement, à l'usage des symboles. Car cet usage est une difficulté à vaincre, qui se présente déjà dans l'étude de la géographie, où la carte à lire est un véritable symbole des mesures du terrain. C'est pourquoi les bons maîtres enseignent d'abord à lire la carte, en figurant sur le papier la cour de récréation, puis la salle d'étude, la maison d'école, le terrain de la commune, ce qui est accessible à la vue de l'enfant, ce qui lui est bien connu.

En géométrie, on commence de même par faire toucher les définitions. Les premières notions, conseille M. Spencer, seront prises sur les « solides ». M. Hugo Göring [1] nous rappelle que Basedow, précepteur du jeune de Qualen, l'initiait à cette science avec l'aide des roues de sa voiture d'enfant et des mille objets usuels présentant des formes géométriques. L'école primaire, préparatoire comme je l'entends, ne conduirait pas au-delà des notions élémentaires : il importe de les inculquer profondément dans l'esprit, et le dessin y sera d'un grand secours.

Le dessin, en effet, a sa place bien marquée dans l'enseignement. On s'en est avisé d'hier ! Son office éducatif est de nous instruire à voir juste, c'est-à-dire, étant données les formes absolues des objets (plan et géométral), depuis la simple figure cubique ou cylindrique jusqu'à la figure humaine, à nous rendre compte des déformations variées qu'ils subissent par la perspective [2]. Acquérir un sentiment juste des formes, ainsi que des effets de la coloration et de la lumière, ce doit être une fin d'instruction, dont le dessin est le moyen. Il ne s'agit donc plus d'enseigner le dessin comme un « art d'agrément », et, dès qu'on le considère sous le point de vue de l'art ou de l'industrie, et comme moyen propre d'expression, on sort du programme de l'instruction générale pour entrer dans les voies de l'enseignement spécial et professionnel. Nécessaire est cette distinction entre le but professionnel, qui est la culture des qualités géniales de l'artiste, et le but éducatif, qui est de donner à tous des notions sûres et en même temps une certaine pratique qui nous servira toute la vie.

Mais par où commencer? quelle route suivre? M. Spencer conseille de débuter hardiment par la couleur. Les enfants, dit-il, sentent la coloration avant le dessin, c'est un fait psychologique.

---

[1] *J. B. Basedow's ausgewählte Schriften.* Langensalza, 1880, p. xxxi.

[2] M. A. Thomas, directeur de l'école professionnelle Durzy, à Montargis, a fait à Paris, il y a deux ans, des conférences dans le but de répandre une méthode et des appareils pour la géométrie et le dessin. Ses appareils sont : 1° des figures mobiles stéréotypées ; 2° un perspectronome dont le jeu fait comprendre les lois de la perspective et de la géométrie descriptive. Je regrette de n'avoir pu y assister.

Laissons donc les enfants s'adonner à leur passion du coloriage, se faire la main à des barbouillages ; habituons-les ensuite à copier des objets usuels pour premiers modèles, et forçons-les doucement à un dessin plus rigoureux. Si M. Spencer condamne la pratique aride des combinaisons de lignes droites et courbes, cela ne conclut aucunement contre le dessin géométrique, et il est certain, par exemple, que le contour d'un objet donné devient plus lisible par la comparaison avec une figure idéale régulière qui en serait l'enveloppe. Que le maître seulement laisse beaucoup à la fantaisie de l'écolier, et que le travail soit toujours, autant que possible, spontané et varié !

Mais passons. On ne débutera pas à l'école par réciter la syntaxe toute sèche, et, comme disent les dernières instructions, on étudiera la grammaire par la langue et non plus la langue par la grammaire. On fera distinguer à l'élève les parties du discours, on lui en décrira le mécanisme. Il ne faudrait pourtant pas proscrire la grammaire sous le prétexte qu'on en a fait abus ; car la pratique, en toute chose, reste au hasard, faute de ces points de repère qui sont les règles, les formules. On risquerait, à écarter trop longtemps toute théorie, d'amasser des moellons sans les joindre par de bon mortier, et on ferait de mauvais marcheurs en se flattant d'avoir aplani la route.

Au même titre que la grammaire, la logique (c'est l'avis de M. Spencer) pourrait être inscrite au programme de l'école primaire. Tout ce que nous pensons et disons est compris dans les formes logiques. Le maître peut montrer ces formes à l'élève, et, par le procédé de la leçon de choses, lui apprendre à discerner les divers actes du raisonnement, ce qui est l'affirmation, ce qui est la preuve. Ce n'est rien de trop prétentieux en ces limites.

Et maintenant la morale, si elle est matière de connaissance abstraite pour le philosophe, est vécue, on peut le dire, sous la forme de la conduite, comme la grammaire est vécue sous forme de langage et la logique sous forme de raisonnement. De même que les sciences objectives conduisent à des applications, les sciences du sujet, c'est-à-dire la logique, l'éthique, l'esthétique ont aussi leur application sous la forme d'habitudes de moralité, de goût et de bon sens. La vertu morale, disait parfaitement Aristote, naît de l'habitude et des mœurs, et les qualités ne proviennent que de la répétition fréquente des mêmes actes. Il importe donc que le maître soit apte, continuant l'influence de la famille)

à fortifier chez les enfants l'habitude de bien faire, comme celle
de juger sainement et de goûter les belles choses. C'est là le but
éminent, difficile à atteindre, et la tâche revient en partie au modeste instituteur de modeler la pâte humaine, de donner le premier pli.

Ce qu'on lui demande, ce n'est pas de faire un cours de morale,
c'est d'inculquer dans les jeunes âmes de bons sentiments, par
l'exemple d'abord, par la bonté ; mais il est nécessaire aussi
qu'il ait sa règle qui le dirige et qui inspire l'action pédagogique.

Je lui apprendrais que le moral est inné et que la morale est
acquise, c'est-à-dire que notre activité morale a ses sources en
notre nature physiologique et psychique, mais que cette activité
s'emploie dans le milieu social, qui la qualifie, et que la morale,
en un mot, est à la fois organique et sociale Je lui ferais voir
que des besoins égoïstes, des besoins sympathiques, des besoins
logiques (notre idée d'égalité sort directement d'une notion toute
logique) entrent en concurrence pour déterminer nos actes, et
que la morale pratique doit tendre, en conséquence, à con-
cilier les divers devoirs qui se rapportent soit à l'utilité, soit à
l'amour, soit à la justice. Car cette conciliation, ou plutôt l'état
d'harmonie qu'elle suppose, est l'idéal même que nous poursui-
vons sous le mot de *bien*, idéal qui n'est réalisable que par le
moyen de fins intermédiaires et pratiques qui y tendent, et qui
sont la conciliation acceptée en un état social donné. Je lui ferais
voir que ces fins sont imposées à l'individu sous le mode de dé-
monstrations qui sont les devoirs et qui composent ce que nous
appelons la conscience, avec ses lois devenues des sentiments,
qu'on ne peut enfreindre sans qu'il s'ensuive un désaccord dou-
loureux de la personne morale. Alors l'action pédagogique con-
sistera à inculquer dans la conscience de l'enfant ces démonstra-
tions qui sont les commandements moraux, à agir sur les passions
et les idées qui sont les mobiles de la conduite, à tempérer enfin
les uns par les autres ces besoins impulsifs de justice absolue,
d'utilité personnelle ou même de bonté irréfléchie, qui souvent
entrent en conflit, en s'attachant d'une manière constante à développer les sentiments altruistes et les idées de solidarité, à
l'encontre de l'égoïsme ignorant qui parle toujours assez haut. De
telles règles sont simples, et l'action du maître serait efficace,
s'exerçant à propos, sans ces longs discours et ces remontrances
qui sont si odieux aux enfants.

La question de la discipline scolaire vient ici. Si l'on réfléchit que les conséquences naturelles de nos actes sont une véritable sanction, et que la dure expérience a été l'institutrice des hommes, on sera d'avis que le maître laisse les enfants pâtir de leurs fautes ou de leurs erreurs; mais ce genre d'avertissement, cette pénalité naturelle ne suffit pas toujours, elle ne s'applique pas dans tous les cas, et la discipline de l'école réclame d'autres moyens de correction. Frappés des inconvénients des punitions corporelles et de toute coërcition brutale, les pédagogues qui suivaient les conseils de Locke (ainsi Basedow) ont abusé en revanche des tableaux d'honneur, des rubans, des récompenses, et ils ont voulu surtout stimuler l'émulation. Leur pensée était juste au fond, et il est bon que l'écolier s'efforce à mériter les éloges de ses parents et de ses maîtres, de même que l'homme, dans la vie, ambitionne le prix qui est attaché aux longs efforts. Il n'y a que l'excès qui soit blâmable. Quant aux bons points payés, on a été choqué d'abord de ce système, et la comédie a raillé les petits Benoîton qui jouent entre eux des jeux de bourse ; puis on a considéré que « Benoîton » n'est pas « Bonhomme », que l'épargne constitue une force, qu'elle est une habitude morale, et l'on a accepté sagement le *bon point épargne*, en considérant que l'école commence l'apprentissage de la vie.

A la question de la morale est jointe encore celle du caractère national. Si la fin de la morale que nous entendons est « humaine », les fins particulières sont l'acheminement vers un règne de l'humanité. Le patriotisme a donc sa place marquée au rang de devoirs, et il est un devoir très profond qui émeut toutes les fibres de notre être. L'école doit inspirer l'amour de la patrie et garder la dignité de ce sentiment. Il faut bien, pour être homme, que chacun pourtant conserve sa marque nationale, son type original, sa réalité. En définitive, le but pratique de la morale est l'accommodation de l'individu à son milieu, et son milieu est toujours une société déterminée.

Des lectures d'histoire bien choisies, des biographies bien faites serviront utilement l'action morale du maître ; et l'histoire ne peut revêtir que la forme anecdotique dans l'école préparatoire. Cette école n'est pas pour instruire l'enfant, elle est pour le préparer à recevoir l'instruction, et la tâche de l'instituteur primaire est surtout éducative. Lui-même cependant doit être instruit, quoique n'ayant pas mission expresse d'instruire. Et je ne le vois pas comme un être parfait et introuvable. Je voudrais seulement qu'il sortît de nos écoles normales à peu près tel que les circulaires officielles supposent qu'il est. Si ce que j'ai dit a paru difficile quelquefois, c'est que j'ai étudié, du dehors, le mécanisme intellectuel que le maître, en définitive, fait jouer ; et nous ne pouvons pas faire que ce mécanisme soit autre, ni consentir que le maître l'ignore. On ne saurait suppléer, par des préceptes mécaniques, à la science pédagogique de l'instituteur. On ne recueillerait pas non plus les fruits de l'éducation, à bourrer les écoliers de petites connaissances : ce ne sera pas trop de les garder jusqu'à l'âge de onze ou douze ans à l'école élémentaire pour dresser convenablement la machine intelligente et la mettre au point de faire de bon travail.

III

L'instruction générale occuperait une période de six années, environ entre douze et dix-huit ans d'âge. A aucune de nos six classes ne conviendraient plus les dénominations surannées d' « humanités », de « rhétorique ». L'enseignement littéraire qui couronnait, sous ces dénominations, la période scolaire, ne cesserait pas d'y être largement distribué. Mais la culture littéraire doit être désormais subordonnée à la culture scientifique, laquelle seule peut donner, disait M. Wyrouboff en son discours, « des convictions communes et ce commun sentiment de soumission aux lois inéluctables de la nature qui est si fécond en résultats ». Ce sera un progrès immense de le reconnaître et de mettre fin à la vieille dispute entre ces frères ennemis qui sont le latin et la physique. Après tout, ils ne sont si ennemis que dans le faux esprit de nos programmes, et faute de nous entendre sur ce qui est véritablement matière d'instruction générale.

Il faudrait donc nous accorder là-dessus, et pour cela considérer l'ensemble et les rapports du savoir humain d'un point de vue supérieur, philosophique.

Si je prononce de nouveau le nom de Comte, aussitôt je susciterai des adversaires qui ne voudront pas m'entendre ou me feront dire ce que je n'aurai pas dit. Pourquoi, cependant, s'interdirait-on de tirer secours de sa classification des sciences, qui est certainement la meilleure de celles qui ont été proposées (en vain M. Spencer a voulu la refaire)? Comment n'a-t-on pas vu l'utilité grande, pour la pédagogie, de cet ordre établi par lui des sciences les plus compréhensives aux plus compliquées, ordre qui est celui même de leur constitution dans l'histoire, et de cette distinction fondamentale, qu'on lui doit aussi, entre les sciences abstraites, ou générales, et les sciences concrètes, ou spéciales? N'est-il pas évident que le premier principe nous permettra de disposer les matières d'une façon rationnelle, et que le second nous donnera le moyen de tracer un programme d'instruction véritablement générale, où les études spéciales, dont on s'encombre aujourd'hui, ne seront plus introduites au hasard et sans mesure?

Il est vrai que l'ordre comtien est à peu près suivi dans les programmes en vigueur, et cela de toute nécessité, puisqu'il n'est pas possible d'aborder utilement l'étude d'un groupe quelconque de phénomènes avant d'avoir déterminé les conditions antécédentes de ces phénomènes. Ainsi l'on débute par les mathématiques, dont l'objet est l'étude des rapports de grandeur, qui sont les plus généraux. Puis on étudie, avec la mécanique (l'astronomie en offre un cas remarquable et singulier), la force dans les masses, indépendamment de toutes actions intimes, vibratoires et moléculaires ; avec la physique celles de ces actions qui se rapportent aux propriétés de chaleur, de lumière, d'électricité, etc., et qui entraînent des changements d'état, mais non des changements de composition des corps ; avec la chimie la force dans les molécules, soit les actions qui se rapportent à l'affinité, et qui se manifestent par des changements de composition dont il faut savoir définir les circonstances physiques. Mais on s'arrête là, quand il faudrait poursuivre et étudier ces arrangements particuliers qui sont les corps vivants, siège de fonctions originales qui dépendent immédiatement des lois de composition et de décomposition énoncées par la chimie, et enfin ces arrangements plus particuliers encore, où nous introduit l'étude des organismes, qui sont l'homme social et l'être société.

De ces deux groupes supérieurs, celui des sciences de la vie et celui des sciences sociales, il est à peine question dans nos programmes, ou plutôt on s'y borne à un enseignement purement concret et descriptif, sans s'inquiéter davantage des lois de la biologie et de l'histoire. En revanche, on ne cesse d'y introduire des notions accessoires de toutes provenances, et on surcharge les

classes, faute de faire cette distinction entre le général et le spe-
cial, qui est capitale. Il n'est pourtant pas besoin d'un long examen pour reconnaître que les sciences abstraites forment, dans
l'ensemble, la série ordonnatrice, et qu'elles sont la clef de tout
le savoir compris sous le nom des sciences spéciales, géographie,
géologie, météorologie, minéralogie, anthropologie, linguistique,
jurisprudence, etc., etc. Quelle explication, par exemple, pourrait
donner la météorologie du phénomène des pluies sur notre terre,
si le physicien n'avait mesuré les dilatations, les densités des
vapeurs des différents corps, etc., et en un mot traité les faits dans
le but d'obtenir des formules générales? La structure de notre
globe n'est-elle pas le résultat d'actions dont le géologue accepte
les lois des mains du géomètre, du physicien, du chimiste? Quel
travail stérile ce serait de décrire des espèces végétales et ani-
males, si l'anatomie comparée et la physiologie n'avaient établi des
relations précises et profondes entre les organes et les fonctions
des différents êtres ayant vie? D'où il faut conclure que les sciences
abstraites, c'est-à-dire celles qui enregistrent les résultats généraux, sont la matière essentielle d'un cours déductif, tandis que
les sciences concrètes n'y peuvent tenir qu'une place secondaire
et n'y sauraient être admises au même titre.

« Ces deux groupes du savoir, observe très bien M. Wyrouboff,
sont loin d'avoir la même étendue : le nombre des sciences générales est infiniment moindre que celui des sciences spéciales —
un premier avantage qui facilite beaucoup la solution du problème
pédagogique ». Un autre avantage, dit-il, est que les sciences
abstraites, outre qu'elles sont peu nombreuses, « ont encore la
qualité précieuse au point de vue de l'enseignement, de pouvoir
se condenser autant qu'on veut, sans perdre leur double caractère
de précision et de généralité. Un petit nombre de pages suffit
pour expliquer clairement, démonstrativement, les doctrines défi-
nitivement acquises... qui constituent l'expression supérieure,
la dernière limite du savoir humain ». Les résultats acquis et pou-
vant servir à une conception générale sont les seuls indispensables à la culture générale ; un homme cultivé « n'a que faire des
mille détails qui concourent à la formation de la science spéciale
même la plus simple ».

Est-ce à dire, puisque l'élève devra monter, degré par degré,
toute l'échelle, en commençant par le commencement, que l'on
épuisera d'un coup l'enseignement de chaque grande science?

Est-ce à dire aussi qu'une certaine portion du savoir spécial n'entre pas de toute nécessité dans le tissu de l'instruction générale ainsi définie? Evidemment il faudra, considérant que l'intelligence de l'élève devient plus vigoureuse avec l'âge, diviser les études sans en briser l'enchaînement rigoureux, soit continuer et étendre à chaque classe la matière des classes précédentes, selon la méthode qu'on a appelée cyclique ou concentrique (elle est plus ou moins pratiquée en tous les programmes [1]), et mêler avec habileté, jusqu'à la fin, les exercices intuitifs à la leçon déductive. D'autre part, il importera de faire voir à mesure comment les sciences abstraites, établies sur une masse primitive de matériaux concrets, viennent féconder ensuite les sciences spéciales, et comment on passe de la théorie aux applications si variées, et enfin des nécessités pédagogiques nous obligent à avoir un cadre assez large pour recevoir, par exemple, un enseignement littéraire assez étendu.

Les études littéraires apportent la variété dans les classes, et, par l'influence qu'elles exercent sur l'être sentant et imaginatif, par la finesse qu'elles donnent à l'esprit, elles remplissent un important office éducatif. C'est un tel office qu'on invoque en faveur des langues mortes, et que je voudrais tirer plutôt de l'étude de la langue nationale. Car je voudrais que notre langue française fût étudiée à fond, en ses œuvres, jusqu'aux origines, pour arriver ainsi, par régression, à l'assise latine qui la porte, et cela serait, il me semble, une bonne préparation à l'étude spéciale du latin. Quant à l'enseignement littéraire, en outre de sa valeur de récréation, n'offre-t-il pas encore l'avantage de nous introduire de plain pied à l'étude des espèces sociales par la voie qui est la plus accessible, et l'examen des belles œuvres n'est-il pas déjà un acheminement à la haute histoire?

Si l'office éducatif est tout à considérer, la valeur pratique n'est pas non plus indifférente, et les langues vivantes ont pris place dans l'instruction générale pour une simple raison d'utilité. La géographie y garde la sienne, parce que l'étude de la terre est inséparable de l'histoire des sociétés, dont la nature géographique a été un facteur si important. D'ailleurs un motif de commune utilité suffit pour faire inscrire au programme, avec la géographie, certaines autres connaissances spéciales; et toutefois il

---

[1] Mais il faut la pratiquer avec réserve et l'abandonner à temps.

en faut être avare, parce que l'adjonction du savoir spécial aurait bientôt surchargé l'instruction générale, et que l'on perdrait ainsi le bénéfice de la distinction sur laquelle on se règlerait.

Il serait superflu d'entrer ici dans les détails de notre programme, et nous avons aussi de trop habiles maîtres pour douter d'eux. Singulière leçon pourtant, il m'en souvient, que celle de géométrie plane en notre classe de troisième ! Notre professeur nous dictait les théorèmes avec leur solution : on traçait d'une main malhabile sur les pages de son cahier des figures où les angles droits n'étaient jamais droits et les lignes parallèles jamais parallèles, on inscrivait sur l'angle obtus la lettre de l'angle aigu, on comprenait après cela le moins du monde et on ne gagnait à la leçon qu'un désespérant ennui ! Certes l'enseignement déductif convenait à des élèves de troisième ; seulement on ne les y avait pas préparés, et j'en prends occasion d'insister derechef sur le besoin d'assouplir les écoliers, discrètement et patiemment, aux procédés de l'abstraction et à la langue du symbole. J'ai la certitude que l'incapacité de plusieurs ne vient que d'une préparation insuffisante, et que d'ailleurs l'inaptitude à manier l'outil du calcul ou la lenteur de la conception n'excluent pas l'intelligence de la théorie, qui seule importe. Peut-être aussi faudrait-il donner une suite un peu différente à l'enseignement des mathématiques. Il ne m'appartient pas de le tracer. Je veux dire un mot seulement de l'histoire et de la philosophie.

L'intelligence de l'histoire exigeant la pleine maturité de l'esprit, il n'y a pas moyen d'échapper aux inconvénients d'une instruction incomplète, soit qu'on débute par l'Orient ou par les nations modernes, soit qu'on remonte ou qu'on descende la suite des âges. Dans mon projet de cours, et conformément au dernier programme officiel, l'histoire de l'Orient et celle de la Grèce viendraient à la première année ; l'histoire grecque, reprise, et l'histoire romaine, à la seconde ; l'histoire de l'Europe et de la France jusqu'à la Renaissance, à la troisième ; et enfin la même histoire continuée jusqu'à nos jours, à la quatrième. Des lectures d'histoires originales et de chroniques, des conférences sur la littérature et l'art serviraient à propos cet enseignement, qui doit être vivant, en plein relief, et que je voudrais alléger d'un fatras indigeste. Mais, afin de donner sa portée à cet enseignement concret auquel nous accordons une si large place en faveur de ses mérites éducatifs, et pour relier ensemble tous ces faits où le jugement se disperse et s'égare, la création d'une classe d'histoire abstraite est indispensable, je veux dire une classe qui aurait pour objet d'exposer les grandes séries de faits en leur continuité et en leur évolution, de critiquer les théories historiques et les historiens, et, en définitive, d'exposer les lois de la constitution et du développement historique des sociétés, — ce qui est vraiment essentiel et général.

Pour la philosophie, il ne saurait plus être question d'une explication métaphysique *ad libitum*, surajoutée au savoir positif qu'on laissait inférieur et indifférent ; il s'agit d'une philosophie « réelle », qui livre à l'appétit de spéculation du jeune homme des vérités et non des chimères. On s'occuperait, en notre dernière classe, de coordonner les résultats acquis et de systématiser tout le savoir ; on ferait connaître l'état de la science en chaque domaine ; on passerait la revue des hypothèses, des questions ouvertes ; et en même temps on s'enquerrait des conditions organiques de l'esprit humain, on tracerait une rapide esquisse des différentes doctrines, les religions y étant comprises, qui ont gouverné l'humanité, on marquerait les caractères de la certitude et les méthodes, en un mot on ferait une critique générale des choses du sujet et de l'objet, de façon à connaître la valeur, le but, les voies et moyens de la science et à produire une conception large et positive de notre univers.

La matière du cours de philosophie a été, dans le programme adopté il y a deux ans par le Conseil supérieur, distribuée sous les titres d'*introduction* (classification des sciences, etc.), de *psychologie* (sensibilité, intelligence, volonté, rapports du physique et du moral, etc.), de *logique* (formelle et appliquée, syllogisme, méthodes, etc.), de *morale* (spéculative et pratique, économie politique, et enfin de *métaphysique* et *théodicée*. Un habile professeur pourra introduire toutes les questions dans ce cadre, si on ne lui en fait pas un lit de Procuste. Mais on a promis que le professeur resterait libre de sa doctrine. C'est donc aux écoles en lutte à former des maîtres qui prennent la chaire et qui y apportent le bruit des discussions fécondes du dehors. La classe de philosophie est le seuil par lequel l'élève passe du collège dans le monde. Trop longtemps entre le collège et le monde on a élevé un mur, qu'il fallait sauter, au grand dommage de plusieurs qui ne tombaient pas sur les pieds.

IV

Le même programme tracé pour les lycées conviendrait aux écoles de canton (soit à notre *enseignement secondaire* si mal nommé *spécial*), moyennant certaines réductions qui n'en altéreraient pas la qualité. Il conviendrait également aux lycées de jeunes filles (créés par la loi du 21 décembre 1880) et il est évident que l'instruction générale doit être la même pour les deux sexes. Cela ne veut pas dire que les collèges féminins doivent être calqués sur les collèges masculins, et l'identité de l'instruction générale n'empêche pas les différences dans le régime de l'éducation. Tandis que les jeunes gens, au sortir du collège, passent dans les écoles spéciales et d'application pour y acquérir les connaissances indispensables à l'exercice d'une profession, les jeunes filles sont appelées presque aussitôt à remplir leur fonction naturelle, qui est d'être épouses et mères, et, sauf pour celles qui se destinent à l'enseignement et entrent dans les écoles normales, des cours pratiques adjoints aux cours ordinaires peuvent donner l'enseignement spécial qui convient au plus grand nombre. Nos diverses écoles spéciales restent ouvertes aux femmes ; mais je ne pense pas qu'elles aient l'ambition de prendre la place de l'homme, et nous n'avons pas à régler les choses en vue de faire d'elles des médecins, des avocats, des législateurs, des officiers ou des politiques. Des leçons d'hygiène, de tenue des livres, de coupe et de couture, etc., introduites dans l'économie des lycées féminins, suffiront à faire les jeunes filles bonnes maîtresses de maison et capables d'un métier.

Quelques-uns semblent oublier que la nature a formé deux sexes, doués de qualités qui se complètent en leur opposition, et dont les fonctions sont et demeureront différentes en dépit des raisonnements les plus spécieux et de toutes les belles phrases qu'on peut écrire. Je ne prétends pas que la femme est aujourd'hui dans la situation civile où elle doit être, et le code ne lui est pas toujours indulgent. Je souhaiterais seulement qu'elle restât femme, pour son plus grand bien, pour le bonheur de nos enfants, et, dût cela paraître le sophisme égoïste de la galanterie, pour la grâce et le charme de la vie de société. Je voudrais pour elle une éducation qui fût tournée vers les devoirs particuliers de son sexe. Je ne voudrais pas fatiguer les corps et tuer la beauté pour la vanité de produire des Armande et des Philaminte ; je n'oublierais jamais que « Sophie » doit plaire un jour et devenir mère. En nos jeunes filles, je viserais à affranchir l'intelligence, à orner l'esprit, à épurer le goût, à discipliner le caractère, à affermir le bon sens, et à diriger utilement les aptitudes qui sont de leur fonds. Mais je les détournerais de mettre leur amour-propre à égaler l'homme et à le battre sur son propre terrain : elles pourraient avoir, dit M. Buisson, « le malheur d'y réussir. » Je ne verrais pas la femme avec les yeux de Proudhon ou de Michelet, mais pas non plus avec les yeux de Mme Jenny d'Héricourt, et, dans les pages spirituelles de MM. Dumas fils et Emile de Girardin, je ferais la part de l'actualité piquante et du paradoxe. En un mot, je me garderais de vouloir faire, par le moyen de la science, la femme contre la science. Sur ce point encore M. Spencer a des pages pleines de sens, et j'y renvoie.

A peine puis-je dire un mot de la coéducation des sexes et de l'internat. Le rapport de Lakanal à la Convention (du 26 juin 1793), qui appelait pour la première fois à nos écoles filles et garçons, confiait à la direction d'une femme les petits enfants ; mais Lakanal séparait les sexes au sortir de l'école enfantine. Nos nouvelles écoles primaires de Paris ont deux portes jumelles, et le bon exemple des Suisses et des Américains ne nous a pas persuadés.

Si l'école mixte nous choque, l'internat, en revanche, est dans nos mœurs. On s'est accordé en 1880 à le trouver mauvais, surtout pour les filles, et il a fallu pourtant l'accepter dans la loi comme un moyen. Cette mauvaise coutume de l'internat, écrit Renan, est un don des jésuites, qui ont perfidement insinué aux mères d'abandonner à des hommes autorisés la tâche d'élever leurs enfants chrétiennement. Vivace dans nos pays latins, elle est du moins très combattue en Italie, où les écoles normales et les écoles supérieures de filles, à Milan, à Turin, à Florence, à Rome, à Naples, etc., n'ont que des externes, et M. Félix Pécaut en prend occasion de remarquer, en ses *Deux mois de mission en Italie* (1880), que le régime de l'externat, qui effraye en France beaucoup de personnes, n'offre dans ces grandes villes, sous des influences et des climats divers, aucune sorte d'inconvénients. Nous gardons l'espérance qu'un des premiers fruits de nos collèges féminins sera de refaire des mères les éducatrices de leurs filles et de leurs fils, et l'instruction des femmes est ainsi une pierre angulaire de tout le système, car nous ne pourrions fonder rien de solide sans leur alliance, ni la liberté intellectuelle, ni la liberté politique, ni les bonnes mœurs.

Restent bien des questions que j'ai écartées, mais dont l'une entre naturellement dans le cadre de ces articles et ne saurait être omise, je veux parler des examens et des diplômes. S'il est bon de conserver les diplômes, il est urgent de modifier notre système d'examens, et de supprimer d'abord le baccalauréat, cette épreuve si misérable et si redoutable, où le succès est mis sur un coup de dé, et dont l'approche, de l'aveu des meilleurs maîtres, trouble d'une manière si fâcheuse la dernière année d'étude. Je voudrais supprimer du même coup les pompes du baccalauréat et ces maisons d' « entraînement », ces fabriques de bacheliers qui font réussir les incapables, quand les bons élèves ont à redouter les perfidies de l'imprévu. Je voudrais que l'examen de sortie, pour compter davantage, ne comptât pas seul, et j'établirais le diplôme sur les résultats d'examens annuels passés au cours des six ans de classes devant un jury de professeurs. Le même système serait applicable dans les établissements privés de toute nature reconnus par l'Etat, où la présence de trois délégués universitaires suffirait à assurer le caractère sérieux de l'examen[1].

De même les diplômes professionnels devraient être délivrés sur un ensemble de notes justifiant de la qualité réelle de l'étudiant. Si le baccalauréat a ses anecdotes, le doctorat a les siennes aussi, non moins piquantes. Un médecin de ma petite ville était soupçonné d'avoir soutenu, par l'office d'un gagiste, sa thèse qu'il n'avait pas écrite (le cas n'est pas si rare !) ; devenu assez habile chirurgien, par sang-froid et par naturelle adresse, il ne l'était point par la grâce du parchemin, et il faudrait conclure de mille historiettes trop véridiques, que les grades portant privilège devraient plutôt être abolis que de mentir sur la capacité des gens qu'ils garantissent et sur la valeur des études faites dont ils portent témoignage. On ne saurait, sans doute, prévenir tous les abus, et dans les examens de con-

---

[1] Le système des baccalauréats spéciaux aurait l'inconvénient de sacrifier l'instruction générale et de spécialiser trop tôt l'étudiant, au moment où il peut se tromper encore sur ses aptitudes véritables.

cours, par exemple, une assez large part est faite à la bonne chance, puisque le nombre des reçus est limité. Cette part peut être infiniment réduite dans les simples examens de capacité : je les crois nécessaires, et il est regrettable seulement que nous ayons adopté un si mauvais type.

Les objections, je le sais, ne manqueront pas contre tout ce que j'ai dit. En vérité, la lecture de tant de documents bourrés de chiffres et de notes me donne à croire qu'on est souvent empêché dans les difficultés qu'on crée soi-même et que certaines conclusions tirées des faits peuvent ne pas être concluantes ! On raisonne doctement sur les expériences qu'on a faites : qui sait pourtant si les plus instructives ne seraient pas celles justement qu'on n'a pas faites ? Et souvent même on se borne à recueillir des observations qui sont au hasard de circonstances qu'on ne peut pas diriger ni déterminer, et l'on s'expose, en ne discutant que les détails, à tourner toujours dans le même cercle vicieux. Il faut partir d'une idée directrice et bâtir sur une fondation nouvelle. Il faudrait du moins simplifier graduellement notre système d'instruction publique, rectifier les tracés. Car il est arrivé, pour satisfaire à fur et mesure aux besoins de la société moderne, qu'on a compliqué ce système tellement, que les familles ne savent plus où trouver l'école qui convient, et que, suivant le couloir où l'on s'engage, on ne sait pas bien par quelle porte on sortira. Ce vice dans la distribution de l'enseignement est lié à l'incertitude qui règne dans les programmes. Avec M. Th. Ferneuil, dont je lis au dernier moment le livre [1] (hélas ! les forces manquent pour tout lire à temps), je dis que « si l'on s'accordait une fois sur le principe de la réforme, on s'entendrait aisément sur les moyens de la réaliser », et c'est pourquoi j'ai voulu appeler l'attention sur le principe plutôt que sur les détails.

Supposez qu'on adopte un programme unique d'instruction générale, ne comportant que des degrés de quantité, qui introduise à l'enseignement spécial sous toutes ses formes ; supposez que cet enseignement spécial largement distribué prépare les citoyens à toutes les fonctions, de la plus humble jusqu'à la plus haute : on aurait alors un système bien lié et sans lacunes [2].

---

[1] *La réforme de l'enseignement public en France*, 2ᵉ éd., Hachette, 1881.

[2] L'école professionnelle du Havre, que j'ai citée, est soumise à un comité de patronage

DE L'INSTRUCTION PUBLIQUE

Bien aveugles ceux qui ne voient pas le péril qui nous menace
avec ce manque d'instruction générale qui entretient le désordre
des esprits, avec cet excès de fausse culture littéraire qui produit des déclassés et ne favorise aucunement le génie, avec ce
défaut de bonne culture spéciale qui amoindrit notre valeur dans
la pratique! Il est temps enfin, pour préparer l'avenir, de refaire
par le moyen de l'instruction publique une discipline intellectuelle, et de former des volontés capables d'agir de concert, en
vue de buts pratiques élevés dont chacun ait claire conscience.
Toute l'histoire nous enseigne que les hommes agissent selon ce
qu'ils savent, et il nous faut donc étudier d'abord et connaître le
milieu où nous vivons, pour instruire les nouvelles générations
à vivre et à prospérer dans ce milieu, et ensuite concevoir un
meilleur état réalisable, pour faire de l'école un instrument du
progrès, un moyen du bien. Gardons-nous, certes, d'espérer des
résultats trop rapides, pour nous décourager bientôt de ne les
avoir pas obtenus. La matière humaine est longue à façonner, et,
comme l'éducation que chaque génération d'hommes fait à la
suivante n'est jamais que celle dont elle-même est capable, on
doit n'attendre rien que de relatif et continuer sans défaillance
cette action de l'idée, dont les effets, qui semblent d'abord in-
sensibles, grandissent pourtant prolongés et accumulés.

Lucien Arréat.

nommé par le conseil municipal et composé de préférence de délégués des chambres syn-
dicales ouvrières de la ville. Je relate ce fait comme indication de la part qui revient à
l'initiative privée dans la direction de l'enseignement professionnel.

VERSAILLES, IMPRIMERIE CERF ET FILS, RUE DUPLESSIS, 59.